汉代情诗选译

爱情诗选系列 02

河歌

汉代情诗选译

这本书是一部古典作品选集，并有插图及其白话意译。本书所用图案均由觅知网授权。

如需信息，请联系：Riverthathorn@gmail.com

设计和封面：河歌

国际标准书号：978-1-7782224-7-4

第一版：2022 年 9 月

目录

前言

  汉朝（公元前 202 年～公元 220 年）是继秦朝之后的大统一王朝，分为西汉和东汉。它是当时世界上最先进的文明强大帝国之一，其强盛不但表现在经济、军事、版图上，也表现于文化的发展和传播。在汉代大约四百年其间，诗歌在《诗经》、《楚辞》和秦汉民歌的基础上不断发展，无论在作者群、诗歌形体风格、语言表达方式上，都有了长足的变化和进步。

  它经历了从民间歌谣到文人创作、从乐府歌辞到文人徒诗（既不入乐的诗），从四言体到五言体、从骚体到七言体及杂体，和从叙事诗到抒情诗的发展过程。

  其中两汉乐府民歌成就最突出，它在汉代诗坛上大放异彩。乐府是汉代掌管音乐的官府，负责采集民歌，配上音乐，供朝廷祭祀和宴会之用。东汉末年文人向乐府民歌学习，创作了不少五言诗。

  汉代文人创作的诗歌数量并不多，其中不少为无名仕之作。到东汉时期，其诗歌逐渐朝着五言诗的方向发展，主要特色是长于抒情和运用比兴手法，形成独特的艺术风格。

  本集从中选出 44 篇反映爱情的诗歌，加以注释和白话翻译，推荐给古典诗歌爱好者欣赏和收藏。其中不乏脍炙人口的名篇名句，如才女卓文君的"愿得一心人，白头不相离"和她的花心郎的"有一美人兮… 一日不见兮，思之如狂"，无名氏的"上邪！我欲与君相知，长命无绝衰"，及李延年的"北方有佳人… 一顾倾人城，再顾倾人国"。

  与先秦《诗经》比较，汉代的情诗更多了许多离别相思之苦，以及女性奋起捍卫自己的爱情的成分，这反映了一个大时代的变化。无论如何，最感人的情诗总有着不变的主题 – 赞美世间爱情的珍贵，表现爱情既坚韧又需要呵护，及爱情能超越贫富、地位和距离如水中芙蓉出污泥而不染！

河歌　于加拿大渥太华

白头吟

作者：卓文君　【西汉】

皑如山上雪，皎若云间月。
闻君有两意，故来相决绝。
今日斗酒会，明旦沟水头。
躞蹀御沟上，沟水东西流。
凄凄复凄凄，嫁娶不须啼。
愿得一心人，白头不相离。
竹竿何嫋嫋，鱼尾何簁簁！
男儿重意气，何用钱刀为！

【概要】 作者闻夫君官场得意，产生了弃妻纳妾之意，以此诗表达对爱情的执著和向往，以及一个女子独特的坚定和坚韧。

【注释】

白头吟：乐府《相和歌辞·楚调曲》调名。

皑：洁白。

皎：白而亮。

两意：犹"二心"（和下文"一心"相对），指情变。

决绝：断绝。

斗：盛酒的器具。

明旦：明日。

躞蹀（xiè dié）：小步行走的样子。

御沟：流经御苑或环绕宫墙的沟。

竹竿：指钓竿。

嫋嫋：同"袅袅"，动摇貌。一说柔弱貌。

簁（shāi）簁：形容鱼尾像濡湿的羽毛。在中国歌谣里钓鱼是男女求偶的象征隐语。这里用隐语表示男女相爱的幸福。

意气：这里指感情、恩义。

钱刀：古时的钱有铸成马刀形的，叫做刀钱。所以钱又称为钱刀。

【译文】

洁白犹如山上雪，纯洁更像云中月。

听说夫君有二心，所以来与你决别。

今日相聚把酒喝，明日沟边两分别。

慢步徘徊沿沟走，往事如水东西流。

孤寂凄凉又悲伤，我嫁你娶莫哭嚷。

原想爱个专心郎，白头到老不分离。

情如竹竿柔且长，鱼尾摇动多欢畅！

男儿本应重情义，为何恃富将我忘？

怨郎诗

作者：卓文君（存疑）【西汉】

一朝别后，二地相悬。

只说是三四月，又谁知五六年？

七弦琴无心弹，八行书无可传。

九连环从中折断，十里长亭望眼欲穿。

百思想，千系念，万般无奈把郎怨。

万语千言说不完，百无聊赖，十依栏杆。

重九登高看孤雁，八月仲秋月圆人不圆。

七月半，秉烛烧香问苍天，

六月三伏天，人人摇扇我心寒。

五月石榴红似火，偏遇阵阵冷雨浇花端。

四月枇杷未黄，我欲对镜心意乱。

忽匆匆，三月桃花随水转。

飘零零，二月风筝线儿断。

噫，郎呀郎，巴不得下一世，你为女来我做男。

【概要】这是作者回应夫君司马相如一封忘恩负义的十三个字（一二三四五六七八九十百千万）的信。卓文君倍感伤怀，便回了这封《怨郎诗》。

【注释】
一朝：一时，一旦。
相悬：相去悬殊，差别大。
八行书：旧时信纸大多用红线直分为八行，故称书信为八行书。
连环：连环成串的玉，比喻连续不断。
重九：即重阳节，因在农历九月初九，故称重九，有登高的习俗。
仲秋：秋季的第二个月，即农历八月，八月仲秋即为中秋节，有团圆之俗。仲：排行第二或居中。
秉烛：手持灯火来照明。
三伏天：是出现在小暑与处暑之间，是一年中气温最高且又潮湿、闷热的日子。

【译文】
自从那一别，两地的你我已相去甚远。
只说分离三四个月，谁能想到已五六年？
无心弹奏七弦古琴，也没有书信可往来。
连环玉已经断裂，在长亭等你的我已望眼欲穿。
一百个心思在想你，一千个挂念在你身上，只能万般无奈把你怨。
纵有说不完的万语千言，可我只能百无聊赖，徒劳地倚遍栏杆。
重阳节登高看到的是孤零的大雁，中秋月圆时你我却没有团圆。
七月半的时候，我持烛烧香问苍天，
六月闷热的三伏天里，人们都在摇扇子，而我的心却在寒冷。
五月石榴花开红似火，偏偏遇上阵阵的冷雨浇打花朵。

四月的枇杷还没成熟，我想照镜子可又心烦意乱。

眨眼间，三月的桃花随水流逝去。

独自飘零，二月的风筝已断了线儿。

唉，我的郎君啊，真想下一世，你做女人我为男。

诀别书

作者：卓文君【西汉】

春华竞芳，五色凌素，琴尚在御，而新声代故！
锦水有鸳，汉宫有木，彼物而新，嗟世之人兮，瞀于淫而不
悟！
朱弦断，明镜缺，朝露晞，芳时歇，白头吟，伤离别，努力加
餐勿念妾，锦水汤汤，与君长诀！

【概要】作者写了一首《白头吟》，并附书一封，即这封《诀别
书》。

【注释】
凌：侵犯、欺压，在此作掩盖、遮住、占据之意。
五色凌素：绚丽色彩掩盖住原本洁白的颜色。
御：使用。
彼物：彼，他们；物，指上文中的"鸳""木"。

彼物而新：这些鸳鸯，枝木都知道成对、横连，彼此依靠不分离，一如当初。

嗟： 叹息。

瞀（mào）于淫而不悟：沉迷于荒诞淫乱中不能醒。

朱弦：指琴弦。

晞：干，干燥

汤汤（shāng shāng）：指水势浩大、水流很急的样子。

【译文】

春天里百花盛开、争奇斗艳，绚烂的色彩掩盖了冬日的素洁。弹奏的还是那副琴，曲调已经换了新的！

锦江中有相伴游泳的鸳鸯，汉宫中有相拥伸展的枝条，他们都彼此依靠、一如当初。慨叹世上的人，却迷惑于美色、喜新厌旧而不醒悟！

琴弦已断，明镜已缺，晨露干了，花儿枯了，白发而吟，离别是何等伤心，希望你保重、不要挂念我，让我对着浩浩荡荡的锦水发誓，从今以后和你永远诀别！

上山采蘼芜

作者：无名氏 【东汉】

上山采蘼芜，下山逢故夫。
长跪问故夫，新人复何如？
新人虽言好，未若故人姝。
颜色类相似，手爪不相如。
新人从门入，故人从阁去。
新人工织缣，故人工织素。
织缣日一匹，织素五丈余。
将缣来比素，新人不如故。

【概要】弃妇和故夫偶尔重逢时的一番简短对话。弃妇向故夫打听"新人"的情况。

【注释】

蘼芜（mí wú）：一种香草，叶子风干可以做香料。古人相信蘼芜可使妇人多子。

长跪：直身而跪。古时席地而坐，坐时两膝据地，以臀部著足跟。
跪则伸直腰股，以示庄敬。

故夫：前夫。

新人：新娶的妻子，对先前的妻子而言。

复：再，又。

姝：好。不仅指容貌。

颜色：容貌，姿色。

手爪：指纺织等技巧。

阁（gé）：旁门，小门。新妇从正面大门被迎进来，故妻从旁边小
门被送出去。

缣（jiān）、素：都是绢。素色洁白，缣色带黄，素贵缣贱。

匹、丈：都是古代度量单位。一匹长四丈，宽二尺二寸。

不如：比不上。

【译文】

上山采择蘼芜草，下山偶遇前丈夫。

前妇长跪问前夫：你的新妻又怎样？

说来新妻虽不错，但却赶不上你好。

相貌虽然也相近，纺织技巧差得多。

新人大门娶回家，你从侧门离开我。

新人很会织黄绢，你却能够织白素。

黄绢日织只一匹，白素五丈更有余。

黄绢白素来相比，我那新人不如你。

有所思

作者：无名氏 【两汉】

有所思，乃在大海南。
何用问遗君，双珠玳瑁簪，用玉绍缭之。
闻君有他心，拉杂摧烧之。
摧烧之，当风扬其灰。
从今以往，勿复相思，相思与君绝！
鸡鸣狗吠，兄嫂当知之。
妃呼狶！秋风肃肃晨风飔，东方须臾高知之！

【概要】 写一个女子决意要与负心郎断绝关系而又难下决心的复杂而悲伤的心情。

【注释】
有所思：指她所思念的那个人。
何用：何以。

问遗（wèi）："问"、"遗"二字同义，作"赠与"解，是汉代习用的联语。

玳瑁（dài mào）：即玳瑁，是一种龟类动物，其甲壳光滑而多文采，可制装饰品。

簪（zān）：古人用以连接发髻和冠的首饰，簪身横穿髻上，两端露出冠外，下缀白珠。

绍缭：犹"缭绕"，缠绕。

拉杂：折断。

摧：砸碎。

相思与君绝：与君断绝相思。

鸡鸣狗吠：即"惊动鸡狗"。古诗常借指男女幽会。

妃（bēi）呼豨（xū xī）：妃，训为"悲"；呼豨，训为"歔欷"。

肃肃：飕飕，风声。

晨风：此处指晨风鸟。晨风鸟即鹯。

飔（sī）：凉。而闻一多训为乃 "思"字之讹，言晨风鸟慕类而悲鸣。

晨风飔：晨风鸟朝鸣以求偶。

须臾：不一会儿。

高（hào）：是"暠"、"皓"的假借字，白。"东方高"，日出东方亮。

【译文】

我思念的人儿，在大海的南边。

拿什么赠给他呢？我将送他双珠玳瑁的发簪，饰有美丽的玉环。

得知他有了二心，我将那精美信物折断、弄碎、付之一炬。

捣毁它，烧掉它，当风扬起它的灰。

从今往后，不再思念你，我与你断绝相思！

可你我曾经引得鸡鸣狗吠的，兄嫂也可能知道了此事。

哎！听秋风正飕飕、晨风鸟在悲鸣，一会儿日出之时，我该有主意。

迢迢牵牛星

作者：无名氏　【两汉】

迢迢牵牛星，皎皎河汉女。
纤纤擢素手，札札弄机杼。
终日不成章，泣涕零如雨；
河汉清且浅，相去复几许！
盈盈一水间，脉脉不得语。

【概要】此诗借神话传说中牛郎、织女被银河阻隔而不得会面的悲剧，抒发了女子离别相思之情，写出了人间夫妻不得团聚的悲哀。

【注释】
迢（tiáo）迢：遥远的样子。
牵牛星：河鼓三星之一，隔银河和织女星相对，俗称"牛郎星"，是天鹰星座的主星，在银河东。
皎皎：明亮的样子。

河汉，即银河。

河汉女：指织女星，是天琴星座的主星，在银河西，与牵牛星隔河相对。

纤纤：纤细柔长的样子。

擢（zhuó）：引，抽，接近伸出的意思。

素：洁白。

札（zhá）札：象声词，机织声。

杼（zhù）：织布机上的梭子。

章：指布帛上的经纬纹理，这里指整幅的布帛。而这里则是说织女因相思，而无心织布。

零：落下。

清且浅：清又浅。

相去：相离，相隔。去，离。

复几许：又能有多远。

盈盈：水清澈、晶莹的样子。一说形容织女，《文选》六臣注："盈盈，端丽貌。"

一水：指银河。

间（jiàn）：间隔。

脉（mò）脉：相视无言的样子。

【译文】

遥远的是牵牛，皎洁的是织女。

挥动洁白纤柔的手，织布机的梭子咋咋地摆动着。

整天织不成一段布帛，哭泣的泪水零落如雨。

又清又浅的银河，两岸相隔能有多远！

只有清莹的一水之遥，纵有不尽的情也不能诉说。

饮马长城窟行

作者：无名氏　【两汉】

青青河畔草，绵绵思远道。
远道不可思，宿昔梦见之。
梦见在我傍，忽觉在他乡。
他乡各异县，展转不相见。
枯桑知天风，海水知天寒。
入门各自媚，谁肯相为言？
客从远方来，遗我双鲤鱼。
呼儿烹鲤鱼，中有尺素书。
长跪读素书，其中意何如？
上言加餐饭，下言长相忆。

【概要】该诗描写了一个独居的思妇梦想见到她远行的丈夫，而远方客人送来丈夫的书信。

【注释】

饮马长城窟行：乐府旧题，原辞已不传，此诗与旧题没有关系。

绵绵：连绵不断之貌。

远道：犹言"远方"。

不可思：是无可奈何的反语。说征人辗转远方，想也是白想。

宿昔：昨夜。

展转：同"辗转"。

不相见：一作"不可见"。

媚：爱。

言：问。

遗（wèi）：赠与；送给。

双鲤鱼：指信函。古人寄信是藏于木函中，函用刻为鱼形的两块木板制成，一盖一底，所以称之为"双鲤鱼"。以鱼象征书信，是中国古代习用的比喻。

尺素：指书信。古人写信是用帛或木板，其长皆不过尺，故称"尺素"或"尺牍"。

长跪：古代的一种跪姿。长跪是将上躯直耸，以示恭敬。

餐饭：一作"餐食"。

【译文】

河边的青草连绵不绝，令我思念远方的夫君。

人在远方想也无奈，只是昨夜梦见他。

梦里见他在我身旁，梦醒发觉远在他乡。

他乡地方多，他处处漂泊不得见。

枯萎的桑树知道天风的凌厉，海水知道天寒的滋味。

别人回家自雇亲爱，谁肯向我说句安慰？

有客人从远方来，带我一个木鱼信盒。

呼唤小童打开它，里面装有写在素帛上的书信。
恭敬地拜读夫君的来信，信中究竟说些什么？
先说要我增饭量多保重，后说在外对我常想念。

上邪

作者：无名氏 【两汉】

上邪！我欲与君相知，长命无绝衰。
山无陵，江水为竭，冬雷震震，夏雨雪，天地合，乃敢与君绝。

【概要】詩中女子表達她對情人忠貞不渝的感情。堪为一首氣勢奔放的愛情詩。

【注释】

上邪（yé）：天啊！。上，指天。邪，语气助词，表示感叹。

相知：结为知己，即相亲相爱。

命：古与"令"字通，使。

衰（shuāi）：衰减、断绝。

陵（líng）：山峰、山头。

震震：形容雷声。

雨（yù）雪：降雪。雨，名词活用作动词。

天地合：天与地合二为一。

乃敢：才敢，"敢"字是委婉的用语。

【译文】

上天呀！我愿与你相知相爱，让此心长存永不衰绝。

除非巍巍高山变平地，滔滔江水涸断流，凛凛寒冬雷阵阵，炎炎酷暑雪纷纷，茫茫天地相叠，方能让我把对你的情意决绝！

李延年歌

作者：李延年 【西汉】

北方有佳人，绝世而独立。
一顾倾人城，再顾倾人国。
宁不知倾城与倾国？佳人难再得。

【概要】 别具一格地描写北方的佳人。

【注释】
倾城、倾国：原指因女色而亡国，后多形容妇女容貌极美。
宁不知：怎么不知道。

【译文】
北国有一位美人，姿容举世无双，无人知己而独立。
她看守城的将士一眼，将士弃械，墙垣失守；她对君临天下的皇帝瞧一眼，皇帝倾心，国家败亡。

您难道不知这般倾城倾国之貌的佳人？一旦错过再也难得！

四愁诗

作者：张衡 【东汉】

我所思兮在太山，欲往从之梁父艰。侧身东望涕沾翰。美人赠我金错刀，何以报之英琼瑶。路远莫致倚逍遥，何为怀忧心烦劳。

我所思兮在桂林，欲往从之湘水深。侧身南望涕沾襟。美人赠我琴琅玕，何以报之双玉盘。路远莫致倚惆怅，何为怀忧心烦怏。

我所思兮在汉阳，欲往从之陇阪长。侧身西望涕沾裳。美人赠我貂襜褕，何以报之明月珠。路远莫致倚踟蹰，何为怀忧心烦纡。

我所思兮在雁门，欲往从之雪纷纷。侧身北望涕沾巾。美人赠我锦绣段，何以报之青玉案。路远莫致倚增叹，何为怀忧心烦惋。

【概要】表达诗人四处寻找美人而不可得的惆怅忧伤的心情。

【注释】

梁父：泰山下小山名。

翰：衣襟。

金错刀：王莽铸币"一刀平五千"，因"一刀"两字用错金工艺，故称之为"金错刀"。

英："瑛"的借字，瑛是美石似玉者。

琼瑶：两种美玉。

倚：通"猗"，语助词，无意义。

桂林：郡名，今广西省地。

湘水：源出广西省兴安县阳海山，东北流入湖南省会合潇水，入洞庭湖。

琴琅玕：琴上用琅玕装饰。琅玕是一种似玉的美石。

汉阳：郡名，前汉称天水郡，后汉改为汉阳郡，今甘肃省甘谷县南。

陇阪：山坡为"阪"。天水有大阪，名陇阪。

襜褕：直襟的单衣。

踟蹰（chí chú）：徘徊不前貌。

雁门：郡名，今山西省西北部。

雰雰：雪盛貌。

段：同"缎"，履后跟。

案：放食器的小几（形如有脚的托盘）。

【译文】

我所思念的美人在泰山，想追随她去，但泰山的支脉太艰险。侧身东望眼泪沾湿了我的衣襟。美人送给我金错刀的钱币，如何以琼英美玉报答她。路远难送我徘徊，为何总是忧愁心不安。

我所思念的美人在桂林，想追随她去，但湘水深不可测。侧身向南望眼泪沾湿了我的衣襟。美人送给我饰琴的美石，如何以成双的白玉盘报答她。路远难送我懊恼，为何总是忧愁心不快。

我所思念的美人在汉阳，想追随她去，但陇阪之地迂回险阻。侧身向西望眼泪沾湿了我的衣裳。美人送给我貂皮的直襟衣，如何以明月珠报答她。路远难送我犹疑，为何总是忧愁心烦乱。

我所思念的美人在雁门，想追随她去，但塞上雨雪纷纷。侧身向北望眼泪沾湿了我的衣巾。美人送给我锦绣段。如何以青玉案报答她？路远难送我叹息，为何总是忧愁心郁闷。

同声歌

作者：张衡　【东汉】

邂逅承际会，得充君后房。情好新交接，恐栗若探汤。
不才勉自竭，贱妾职所当。绸缪主中馈，奉礼助蒸尝。
思为苑蒻席，在下蔽匡床。愿为罗衾帱，在上卫风霜。
洒扫清枕席，鞮芬以狄香。重户结金扃，高下华灯光。
衣解巾粉御，列图陈枕张。素女为我师，仪态盈万方。
众夫希所见，天老教轩皇。乐莫斯夜乐，没齿焉可忘。

【概要】以新嫁娘的口吻叙述了她幸得君子宠爱，甘愿勉力妇职，
以及夫妇相娱的难忘快乐。

【注释】
邂逅：偶遇。
承：继续，连接。
际会：机遇。

得充：能够。

后房：妻子。

恐栗：恐惧战慄。

探汤：把手伸进滚开的水中，这里比喻诚惧之意。

不才：没有才能的人。对自己的谦称。

竭：尽力。

当：相称，相配。

绸缪（chóu móu）：系好衣服的带结。比喻整顿好仪表。

主中馈：主管厨中飨客的菜肴。

蒸尝：祭祀。冬天祭祀叫蒸，秋天祭祀叫尝。

苑蒻（ruò）：细嫩的蒲草，可以做成席子。

匡床：方正安适的床。

衾（qīn）：被子。

帱（chóu）：床帐。

罗衾帱（qīn chóu）：绸做的被子和床帐。

鞮（dī）：古代一种皮制的鞋。

狄香：外国来的香料。

重户：重门，内室的门。

结：缠束，捆绑。

金扃：黄金饰的门。

御：迎。

素女：天上的仙女。

众夫：绝大多数男子。

天老：皇帝的辅臣。

轩皇：指黄帝。

【译文】

意外地同您邂逅，因此有幸成为您的妻室。虽然与您新婚感情很好，可我事事不免战战克克有诚惧之心。

虽没有什么才能但我努力尽心，愿意成为您家称职的一员。收拾好仪表主管厨房飨客的菜肴，遵循礼仪辅佐举办祭祀。

愿意变成蒲草做席子，在下面遮蔽那方正安适的床。又愿意变成绸做的被子和帐子，在上面挡住寒冷的风霜。

每天把枕席清扫干净，并用名香把皮靴熏得芬芳。把重重的门户都关好，屋里上下点起装饰美丽的灯。

夜来则解衣上巾粉，摆好素女、天老、皇帝的图像，还将枕头蚊帐打整好，我要像素女那样，仪态形容呈现万种美姿。

那是绝大多数男子所没有见过的，还有天老、黄帝关于阴阳导养术的图象。快乐莫过于这夜晚的快乐，实在是令人终生难忘。

董娇饶

作者：宋子侯 【东汉】

洛阳城东路，桃李生路旁。花花自相对，叶叶自相当。
春风东北起，花叶正低昂。不知谁家子，提笼行采桑。
纤手折其枝，花落何飘飏。"请谢彼姝子，何为见损伤？"
"高秋八九月，白露变为霜。终年会飘堕，安得久馨香？"
"秋时自零落，春月复芬芳。何如盛年去，欢爱永相忘？"
吾欲竟此曲，此曲愁人肠。归来酌美酒，挟瑟上高堂。

【概要】以花拟人，设为问答。感叹花落还可以重开，而人的盛年
一去不返，欢爱也跟着年华永逝。

【注释】
娇饶：女子名，泛指美人。
洛阳：东汉京城。
路傍：即路旁。

相当：与"相对"同义，是"对称"的意思。

低昂：起伏，时高时低。

子：《正字通》云："女子亦称子。"

飘飏（yáng）：指落花缤纷之貌。

请谢：请问。

彼姝（shū）子：那美丽的女子。

何为：为何。

见：被。

高秋：天高气爽的秋天。

终年：死亡时的年龄。

飘堕：飘落。

安得：怎能。

馨（xīn）香：芳香。

零落：凋谢，脱落。

盛年：少壮之年。

竟：尽，终。

高堂：高大的厅堂，宽敞的房屋。

【译文】

洛阳城东的路上，桃李盛开在路边。桃花李花相对而开，稠密的叶子交相掩映。

春风自东北方而来，花叶随风飘扬。不知谁家的女子，提着竹笼在采桑。

她纤纤的手弄得枝残叶败，花落缤纷。"请允许我问这位女子，为什么要损伤这些花呢？"

（女子答：）"等到八九月的深秋季节，露水就变成寒霜了。花儿终会凋谢，怎能永远的芳香？"

（花儿答：）"花儿秋天到时自会零落，来年春日再现芬芳。（而美丽的女子）为什么盛年过去之后，不再被人欢爱了？"

我想把这支曲子唱完，可这支曲子实在让人心里难过。不如归来饮美酒，携带琴瑟登堂以解忧愁。

行行重行行

作者：佚名【东汉】

行行重行行，与君生别离。
相去万余里，各在天一涯。
道路阻且长，会面安可知？
胡马依北风，越鸟巢南枝。
相去日已远，衣带日已缓。
浮云蔽白日，游子不顾反。
思君令人老，岁月忽已晚。
弃捐勿复道，努力加餐饭。

【概要】女子思念分离已久的丈夫。

【注释】

重：又。这句是说行而不止。

生别离：古代流行的成语，犹言"永别离"。生，硬的意思。

相去：相距，相离。

涯：边际。

阻：指道路上的障碍。长：指道路间的距离很远。

安：怎么，哪里。知：一作"期"。

胡马：北方所产的马。

依：依恋的意思。一作"嘶"。

越鸟：南方所产的鸟。

日：一天又一天，渐渐的意思。已：同"以"。远：久。

缓：宽松。这句意思是说，人因相思而躯体一天天消瘦。

白日：原是隐喻君王的，这里喻指未归的丈夫。

顾：顾恋、思念。反：同"返"，返回，回家。

老：这里指形体的消瘦，仪容的憔悴。

岁月：指眼前的时间。忽已晚：流转迅速，指年关将近。

弃捐：抛弃，丢开。复：再。道：谈说。

加餐饭：当时习用的一种亲切的安慰别人的成语

【译文】

走啊走、不停地走，就这样与你生生的分离。

从此相隔千万里，你我天涯各一方。

路途艰险又遥远，哪知何时才相见？

北方的马在北风中嘶鸣，南方的鸟筑巢于向南的树枝。

分离的时日已长久，衣带越发宽大人消瘦。

飘荡的游云遮住了太阳，他乡的游子不思恋返家。

想念你以至于身心憔悴，岁月匆匆又一年。

丢开烦恼不必再说，愿你多保重切莫受饥寒。

青青河畔草

作者：佚名【东汉】

青青河畔草，郁郁园中柳。
盈盈楼上女，皎皎当窗牖。
娥娥红粉妆，纤纤出素手。
昔为倡家女，今为荡子妇。
荡子行不归，空床难独守。

【概要】 女子从良后嫁给了一个游子，但游子远离家乡很久不回来，使得她独守空房。

【注释】
郁郁：茂盛的样子。
盈盈：形容举止、仪态美好。
皎皎：皎洁，洁白。
牖（yǒu）：古建筑中室与堂之间的窗子。

娥娥：形容女子姿容美好。

倡家：古代指从事音乐歌舞的乐人。

荡子：即"游子"，辞家远出、羁旅忘返的男子

【译文】

河边的草地青绿一片，园中的柳树郁郁葱葱。

绣楼上的女子体态盈盈，她依着窗户好像皎皎的明月。

她红装艳丽，有着纤细白嫩的手。

她曾是青楼女子，如今成了游子的妻子。

不想游子远行不见回，丢下她一人独守空房难忍寂寞。

涉江采芙蓉

作者：佚名【东汉】

涉江采芙蓉，兰泽多芳草。
采之欲遗谁？所思在远道。
还顾望旧乡，长路漫浩浩。
同心而离居，忧伤以终老。

【概要】一首游子思乡怀人的诗。他采摘了兰草，想送给心上人，可是心上人却在遥远的故乡。

【注释】
芙蓉：荷花的别名。
兰泽：生有兰草的沼泽地。
遗（wèi）：赠。
远道：犹言"远方"。
还顾：回顾，回头看。
旧乡：故乡。

漫浩浩：犹"漫漫浩浩"，形容路途的遥远无尽头。

同心：多用于男女之间的爱情或夫妇感情融洽指感情深厚。

终老：度过晚年直至去世

【译文】

踏过江水去采荷花，生有兰草的水泽中长满了香草。

采择的荷花送给谁呢？那是我在远方的心上人。

回望身后的故乡，长路漫漫远无尽头。

两心相爱却分隔两地，怕是忧伤相随以至终老异乡。

冉冉孤生竹

作者：佚名【东汉】

冉冉孤生竹，结根泰山阿。
与君为新婚，菟丝附女萝。
菟丝生有时，夫妇会有宜。
千里远结婚，悠悠隔山陂。
思君令人老，轩车来何迟！
伤彼蕙兰花，含英扬光辉。
过时而不采，将随秋草萎。
君亮执高节，贱妾亦何为？

【概要】婚后夫有远行，妻子怨别之作。

【注释】
冉冉：柔弱下垂貌。孤生竹：犹言野生竹。孤，独。
泰山：即"太山"，犹言"大山""高山"。

阿（ē）：山坳。

为新婚：刚出嫁婚娶。

菟丝：一种旋花科的蔓生植物，女子自比。

女萝：一说即"松萝"，一种缘松而生的蔓生植物，以比男子。

生有时：草木有繁盛即有枯萎，以喻人生有少壮即有衰老。

宜：犹言适当的时间。

悠悠：遥远貌。

山陂：泛指山和水。吕向注："陂，水也。"

轩车：有篷的车。

蕙兰花：女子自比。蕙、兰是两种同类香草。

含英：指花朵初开而未尽发。含，没有完全发舒。英，花瓣。扬光辉：形容容光焕发。

萎：枯萎，凋谢。

亮：同"谅"，料想。

执高节：即守节情不移的意思。

贱妾：女子自称。

【译文】

我像荒野里孤生的野竹，望能在大山上找到依靠。

我与你新婚燕尔，犹如菟丝附女萝。

菟丝有繁盛枯萎的时候，夫妻也有俩相厮守的时宜。

远离家乡千里嫁给你，你却离我远赴他乡去。

相思岁月摧人老，盼望夫君功成名就早早归。

伤感我像那纯情的蕙兰花，正含苞待放楚楚动人。

过了时节你还不归来采撷，它将随著秋草一起凋谢。

料想你信守爱情而坚贞不渝，那我也会守著相思苦等你？

明月何皎皎

作者：佚名【两汉】

明月何皎皎，照我罗床帏。
忧愁不能寐，揽衣起徘徊。
客行虽云乐，不如早旋归。
出户独彷徨，愁思当告谁！
引领还入房，泪下沾裳衣。

【概要】反映游子相思之诗。

【注释】
皎：本义是洁白明亮。此处用引申义，为光照耀的意思。
罗床帏：指用罗制成的床帐。
寐：入睡。
揽衣：犹言"披衣"，"穿衣"。揽，取。

客：这里指诗人自己。

云乐：云是动词，说的意思；乐，名词，表示欢乐，快乐。

旋归；回归，归家。旋，转。

彷徨：徘徊的意思。

告：把话说给别人听。

引领：伸着脖子远望。

裳（cháng）衣：一作"衣裳"。裳，下衣，指古人穿的遮蔽下体的衣裙，男女都穿。

【译文】

明月如此的皎洁明亮，笼罩着我罗制的床帏。

心中惆怅使人无法入睡，只好起身披衣徘徊。

客居在外虽然有趣，怎不如早日把家还。

出房门独自在月下徘徊，满心愁思能告诉谁呢！

伸着脖子远望后只能回到房间，止不住的泪水已打湿了衣裳。

兰若生春阳

作者：佚名【两汉】

兰若生春阳，涉冬犹盛滋。
愿言追昔爱，情款感四时。
美人在云端，天路隔无期。
夜光照玄阴，长叹恋所思。
谁谓我无忧，积念发狂痴。

【概要】钟情的女子虽然历尽艰辛而不变心，为了一份令人难以忘怀感情，备受内心的煎熬。

【注释】
兰若：都是香草名。古人所谓"兰"，属菊科，和今之兰花不同。
"若"，杜若的省称，属跖草科。
涉：经历。
愿言：犹"愿然"，沉思貌。

情款：情意诚挚融洽。

美人：犹言君子，指所思的人。

在云端：言可望而不可及。

夜光：指月。

玄阴：幽暗。

【译文】

兰草和杜若生于温柔的春季，越过寒冬依然繁茂生长。

静静追忆往日你我的恩爱，那份诚挚的情感融在四季的每一天。

所爱之人遥远如在云那端，你我天路阻隔相聚遥遥无期。

当月光照至幽暗的时分我更怀恋所思之人，唯有无奈地长声叹息。

谁说我无忧无愁呢，其实忧思之深怕我已到了至癫至狂的地步。

歌

作者：司马相如【西汉】

独处室兮廓无依。
思佳人兮情伤悲。
彼君子兮来何迟。
日既暮兮华色衰。
敢托身兮长自私。

【概要】摘自司马相如的一篇辞赋名作《美人赋》。美人对作者叙说爱意。

【注释】

廓（kuò）：空阔，广阔。
既：已经，既然，且，又。

【译文】

独住空房啊无人相依。

思念佳人啊心情伤悲。

有个美人啊来得太迟。

时间流逝啊红颜衰老。

大胆托身啊永远相思。

凤求凰

作者：司马相如【西汉】

有一美人兮，见之不忘。
一日不见兮，思之如狂。
凤飞翱翔兮，四海求凰。
无奈佳人兮，不在东墙。
将琴代语兮，聊写衷肠。
何时见许兮，慰我彷徨。
愿言配德兮，携手相将。
不得於飞兮，使我沦亡。
凤兮凤兮归故乡，遨游四海求其凰。
时未遇兮无所将，何悟今兮升斯堂！
有艳淑女在闺房，室迩人遐毒我肠。
何缘交颈为鸳鸯，胡颉颃兮共翱翔！
凰兮凰兮从我栖，得托孳尾永为妃。

交情通意心和谐，中夜相从知者谁？
双翼俱起翻高飞，无感我思使余悲。

【概要】 表达相如对文君的无限倾慕和热烈追求。

【注释】

将：携带、得到。

斯：此。

有艳：艳艳，美丽的。

迩（ěr）：近。

遐（xiá）：远。

毒：难受、痛苦。

交颈：形容夫妻亲爱。

胡：为什么。

颉（xié）颃（háng）：形容鸟儿自由飞翔的样子。

皇兮皇兮：一作"凤兮凤兮"。

得托：指可靠的，可信赖的。

孳（zī）尾：指鸟兽雌雄交交媾。

交情通意：交流沟通情意，即情投意合。

中夜：即半夜。

无感：没有感觉到我的心思。

余：我。

【译文】

有位美丽的女子啊，见了她就难以忘怀。

如果一天不见她啊，心中的牵念让人发狂。

我就像高飞盘旋的凤鸟啊，漫天苦苦寻觅着凰鸟。

可惜那个美人啊，没在我那东墙边。

我以琴声代言啊，叙说内心衷切的情意。

何时得允婚事啊，慰藉我徘徊的相思之情。

望我的德行能配你啊，与你携手百年好合。

如不能比翼双飞啊，会使我陷於这情愁而亡。

凤鸟啊凤鸟回到家乡，游遍天下寻求心中的凰鸟。

未遇凰鸟啊不知所往，怎知道今日啊登门之所感！

有美丽娴静的女子在闺房，居室虽近人却远实在虐我的心肠。

如何恩爱像交颈的鸳鸯，你我凤凰般自由地一同翔游！

凰鸟啊凰鸟愿你随我栖息，与我密会并永做配偶。

情投意合两心和睦谐顺，半夜与我私奔有谁能知晓？

想这样与你一起比翼高飞，你呀却不知我的心思使我悲伤。

怨歌行

作者：班婕妤【西汉】

新裂齐纨素，皎洁如霜雪。
裁为合欢扇，团团似明月。
出入君怀袖，动摇微风发。
常恐秋节至，凉飙夺炎热。
弃捐箧笥中，恩情中道绝。

【概要】用扇子来比喻女子。扇在被人需要的时候就出入怀袖，不需要的时候就扔进竹箱。

【注释】
新裂：指刚从织机上扯下来。裂，截断。
齐纨（wán）素：齐地出产的精细丝绢。纨素都是细绢，纨比素更精致。素，生绢。
皎洁：一作"鲜洁"，洁白无瑕。

合欢扇：绘有或绣有合欢图案的团扇。合欢图案象征和合欢乐。

团团：圆圆的样子。

君：指意中人。

怀袖：胸口和袖口，犹言身边，这里是说随身携带合欢扇。

动摇：摇动。

秋节：秋季。节，节令。

凉飙（biāo）：凉风。飙，疾风。

捐：抛弃。

箧（qiè）笥（sì）：盛物的竹箱。

恩情：恩爱之情。

中道绝：中途断绝。

【译文】

新裁下的齐地的好丝绢，犹如霜雪一般洁白。

它缝製的合欢团扇，像一轮浑圆浑圆的明月。

出入你的怀里和袖口，摇动起来微风徐徐拂面。

常常担心秋季来到，那时凉风将代替夏天的炎热。

用不着的团扇将被扔进竹箱里，往日的恩情也就半路而绝。

庭中有奇树

作者：佚名【东汉】

庭中有奇树，绿叶发华滋。
攀条折其荣，将以遗所思。
馨香盈怀袖，路远莫致之。
此物何足贵，但感别经时。

【概要】一个妇女对远行的丈夫的深切怀念之情，以及长期盼归又寄情无望而产生的忧愁。

【注释】

奇树：犹"嘉木"，佳美的树木。

发华（huā）滋：花开繁盛。华，同"花"。滋，繁盛。

荣：犹"花"。古代称草本植物的花为"华"，称木本植物的花为"荣"。

遗（wèi）：赠送，赠与。

馨（xīn）香：香气。

盈：充盈，充积。

致：送到。

贵：珍贵。一作"贡"。

感：感受，感动。

别经时：离别之后所经历的时光。

【译文】

庭院里有株奇美的树，绿叶衬托着茂密的花朵。

我攀着树枝摘下最好看的花朵，想把它赠送给日夜思念之人。

花香充满了我的衣服襟袖，可是天遥地远无法把它送去。

并不是此花如何珍贵，只是别离太久想表达那份怀念之情。

悲愁歌

作者：刘细君【西汉】

吾家嫁我兮天一方，远托异国兮乌孙王。

穹庐为室兮旃为墙，以肉为食兮酪为浆。

居常土思兮心内伤，愿为黄鹄兮归故乡。

【概要】表现了公主远嫁异国、思念故土的孤独和忧伤。

【注释】

乌孙：汉代时西域国名，在今新疆温宿以北、伊宁以南一带。

穹庐：游牧民族居住的帐篷。

旃（zhān）：同"毡"。

黄鹄（hú）：即天鹅。

【译文】

我家把我远嫁从此和家人天各一方，将我的终身寄于遥远的异国他乡的乌孙国王。

住在毛毡为墙的帐篷里，以肉为食、以乳浆为饮。

住在这里常常想念家乡，心中孤苦悲伤，我愿化作黄皓啊回归我的故乡！

留别妻

作者：苏武【西汉】

结发为夫妻，恩爱两不疑。
欢娱在今夕，嬿婉及良时。
征夫怀远路，起视夜何其？
参辰皆已没，去去从此辞。
行役在战场，相见未有期。
握手一长叹，泪为生别滋。
努力爱春华，莫忘欢乐时。
生当复来归，死当长相思。

【概要】夫妻离别的思念。汉武帝派苏武率使团出使匈奴，临行前夕，苏武辞别爱妻，伤感地写下了一首诗。

【注释】
结发：传统婚姻习俗。一种象征夫妻结合的仪式。当夫妻成婚时，各取头上一根头发，合而作一结。
嬿婉：欢好貌。

及：趁着。

怀往路：想着出行的事。"往：去，上。往路"一作"远路"。

夜何其：是说"夜晚何时？"。其，语尾助词。

参（shēn 申）、辰：二星名，代指所有星宿。

辞：辞别，分手。

行役：赴役远行。

生别：生离死别。一作"别生"。滋：多。

滋：益。多。

爱：珍重。

春华：春光，借喻少壮时期。

来归：即归来。

【译文】

你我结发成为夫妻，相亲相爱两不相疑。

欢乐只在今天夜里，两情欢好要趁这美好的时刻。

远征人心里老惦记出行的事，起身看看深夜到了何时？

天上星星已隐去，到了与你分别的时候。

奉命远行上战场，不知何时才相见。

紧握双手长声叹息，生离别啊泪不止。

尽力珍惜现在的幸福，不要忘记你我相爱的欢乐时光。

如果有幸能活着一定会回到你身边，如果不幸死了也会永远想你。

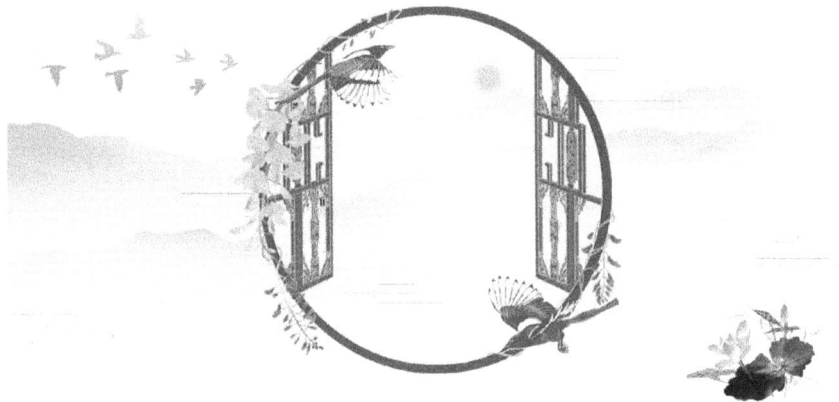

伤歌行

作者：佚名，（一说曹叡）【两汉】

昭昭素明月，辉光烛我床。
忧人不能寐，耿耿夜何长。
微风吹闺闼，罗帷自飘扬。
揽衣曳长带，屣履下高堂。
东西安所之，徘徊以彷徨。
春鸟翻南飞，翩翩独翱翔。
悲声命俦匹，哀鸣伤我肠。
感物怀所思，泣涕忽沾裳。
伫立吐高吟，舒愤诉穹苍。

【概要】写主人公触景生情，抒发感物怀人的心情。

【注释】

昭昭：明亮。

烛：照。

耿耿：形容心神不安。

闺闼（tà）：闺房内门，指女子的卧室。闼，内门。

罗帷：丝罗帏帐。

揽衣：披衣。曳：牵引，拖。

屣履（xǐ lǚ）：趿拉着鞋走路。

堂：正屋。

安所之：去哪。之，动词，到，往。

翻：反转，引申为朝。

翩翩：往来飞翔的样子。

翱翔：回旋飞翔。翼上下簸动为翱；翼平直不动而回飞叫翔。

命俦匹：招呼伴侣。命，呼唤。俦匹，伴侣。

所思：指所思念的人。

伫立：久立。

穹苍：苍天。天形穹隆，天色青苍，故称。

【译文】

一轮皎洁的月亮挂天空，明亮的月光照在床头。

忧伤的人难以入眠，心神不宁的夜晚显得无比漫长。

微风吹拂着闺房的门，罗帷随风不停地飘扬。

披上衣服曳着长带，趿着拖鞋出了屋子。

不知往东还是往西走，只好来来回回地彷徨。

春天的鸟儿向南飞去，形影孤单独自飞翔。

它呼唤伴侣的声音多么悲伤，哀鸣的声音不禁让我心伤。

看到鸟儿想起思念的人，不禁眼泪沾湿了衣裳。

感怀地站着大声吟诵吐心声，把自己的忧愤向老天倾诉。

凛凛岁云暮

作者：佚名【两汉】

凛凛岁云暮，蝼蛄夕鸣悲。
凉风率已厉，游子寒无衣。
锦衾遗洛浦，同袍与我违。
独宿累长夜，梦想见容辉。
良人惟古欢，枉驾惠前绥。
愿得常巧笑，携手同车归。
既来不须臾，又不处重闱。
亮无晨风翼，焉能凌风飞？
眄睐以适意，引领遥相睎。
徙倚怀感伤，垂涕沾双扉。

【概要】写一位冬夜独宿的妇女因思念远行在外的丈夫而入梦，梦醒后更增相思之苦。

【注释】

凛凛：言寒气之甚。凛，寒也。

云：语助词，"将"的意思。

蝼（lóu）蛄（gū）：害虫，夜喜就灯光飞鸣，声如蚯蚓。

夕：一作"多"。

鸣悲：一作"悲鸣"。

率：皆也，到处皆然也。

厉：猛烈。

锦衾（qīn）：锦缎的被子。绣被。

遗：赠予。遗留。

洛浦：洛水之滨，传说为洛水女神出没之处。

同袍：犹"同衾"。古用于夫妻间的互称。

违：背离。

累：积累，增加。

容辉：犹言容颜。指下句的"良人"。

良人：古代妇女对丈夫的尊称。

惟古欢：犹言念旧情。惟，思也。古，故也。欢，指欢爱的情感。

枉驾：是说不惜委曲自己驾车而来。枉，屈也。

惠：赐予的意思。

绥：挽人上车的绳索。结婚时，丈夫驾着车去迎接妻子，把绥授给她，引她上去。

常：一作"长"。

巧笑：是妇女美的一种姿态，出自《诗经·卫风·硕人》。这里是对丈夫亲昵的表示。

来：指"良人"的入梦。

不须臾：没有一会儿。须臾，指极短的时间。

重闱（wéi）：犹言深闺。闱，闱门。

亮：信也。相信。

晨风：一作"鷐风"，即鹯鸟，飞得最为迅疾。

焉：怎么。

眄（miǎn）睐（lài）：斜视，斜睨。

适意：犹言遣怀。适，宽慰的意思。

引领：伸着颈子，凝神远望的形象。

睎（xī）：远望，眺望。

徙倚：徘徊，来回地走。

沾：濡湿。

扉（fēi）：门扇。

【译文】

寒冷的岁末里，百虫悲鸣不断。

凉风处处变得凛冽刺人，遥想那游子身无寒衣。

绣被留在了洛水，良人离我而去。

独宿的夜晚格外漫长，梦想中见到良人的容颜。

梦中的他依然眷恋往日的欢爱，见他殷勤驾车迎娶我的样子。

本愿与他此后长欢乐，携手同归共度美好的一生。

梦中良人只有片刻的逗留，更未进闺房。

相信他没有鸷鸟的双翼，如何这般凌风忽来忽去？

我斜眸遐思以平和自己无奈的心情，伸长颈子远望来聊以自慰。

徘徊里满怀伤感，心酸的泪水淋湿了闺房的门扇。

江南

作者：佚名【两汉】

江南可采莲，莲叶何田田，鱼戏莲叶间。
鱼戏莲叶东，鱼戏莲叶西，鱼戏莲叶南，鱼戏莲叶北。

【概要】一首采莲歌，反映男女采莲时的光景和采莲人欢乐的心情。

【注释】
何：多么。
田田：荷叶茂盛的样子。
可：在这里有"适宜"、"正好"的意思。

【译文】
江南水上好采莲，莲叶繁茂又葱翠，鱼儿嬉戏莲叶间。

鱼儿东边来嬉莲，鱼儿西边来嬉莲，鱼儿南边来嬉莲，鱼儿北边来嬉莲。

妾薄命行·其一

作者：曹植【东汉】

携玉手喜同车，比上云阁飞除。
钓台蹇产清虚，池塘灵沼可娱。
仰泛龙舟绿波，俯擢神草枝柯。
想彼宓妃洛河，退咏汉女湘娥。

【概要】描写与玉女同游的快乐。

【注释】

玉手：洁白温润如玉的手。多指女手。

喜：喜好。喜欢。

车：马车。根据诗韵应读'居'音。

比上：比肩登上。

云阁：阁名。秦二世胡亥建。泛指高耸入云的楼阁。

飞除：飞架的陛阶。高陛。

钓台：钓鱼台。为钓鱼而设在水边的台子。

蹇（jiǎn）产：亦作"蹇滻""蹇嵼"。艰难困顿。形容高而盘曲。

郁结，不顺畅。

清虚：清净虚无，清净空虚。

灵沼：灵验的沼泽。池沼的美称。后喻指帝王的恩泽所及之处。

可娱：可以娱乐。

仰泛：仰面漂浮。

龙舟：龙形的大船。狭长的龙形舟船，多人同时划动数桨，用作竞渡比赛。

绿波：绿色的水波。

俯擢（zhuó）：俯身拔取。

神草：灵草，仙草。

枝柯：枝条。枝，树的细枝条。柯，树木的粗枝。

想彼：想那。

宓 fú 妃：传说中的洛水女神。

洛河：洛河，古称雒水，黄河右岸重要支流。

退咏：退让吟咏。退下吟咏。

汉女：传说中的汉水女神。

【译文】

牵着如玉般的手满心欢喜的与你同车，双双登上高耸入云的楼阁。

沿崎岖的小道来到静悄的钓鱼台，似有灵性的池塘荡漾你我欢悦。

龙船泛舟于碧水之中，俯身摘取水中的神草枝叶。

让人想到那洛水中的神女，又感叹吟咏汉水之畔的游女和苍梧之渊的湘妃。

美女妖且闲

作者：曹植【东汉】

美女妖且闲，采桑歧路间。柔条纷冉冉，叶落何翩翩。
攘袖见素手，皓腕约金环。头上金爵钗，腰佩翠琅玕。
明珠交玉体，珊瑚间木难。罗衣何飘飘，轻裾随风还。
顾盼遗光彩，长啸气若兰。行徒用息驾，休者以忘餐。
借问女安居，乃在城南端。青楼临大路，高门结重关。
容华耀朝日，谁不希令颜？媒氏何所营？玉帛不时安。
佳人慕高义，求贤良独难。众人徒嗷嗷，安知彼所观？
盛年处房室，中夜起长叹。

【概要】描写采桑女的美貌、迷人和心高气傲。

【注释】
妖：妖娆。

闲：同"娴"，举止优雅。

歧路：从大路上分出来的小路；岔路。

柔条：垂柳的枝条。

6。冉冉：动貌。

翩翩：飘动的样子。

攘袖：捋起袖子。

素手：洁白的手。多形容女子之手。

皓腕：洁白的手腕。

约：缠束。

金环：金制的环。

金爵钗：雀形的金钗。"爵"，同"雀"。

琅玕（lánggān）：形状像珠子的美玉或石头。

玉体：指美女的身体。

木难：碧色珠，传说是金翅鸟沫所成。

罗衣：轻软丝织品制成的衣服。

还：转。

啸：蹙口出声，今指吹口哨。

城南端：城的正南门。

青楼：涂饰青漆的楼，指显贵之家。

重关：两道闭门的横木。

希令颜：慕其美貌。

媒氏：说合婚姻的人。

玉帛：指珪璋和束帛，古代用来定婚行聘。

嗷嗷（áo）：形容众声喧杂。

房室：指房事，性生活。

中夜：半夜。

【译文】

容貌美丽性格文静的姑娘，在那小路口忙着采桑。

桑树的枝条柔柔的垂晃，采下的桑叶翩翩飘落。

挽起衣袖见她的的手，白嫩的手腕上戴着金色的手镯。

头上插着雀形的金钗，腰上佩戴着翠绿色的玉石。

身上的明珠闪闪发光，珊瑚和宝珠点缀其间。

丝罗衣襟在春风里飘舞，轻薄的裙纱随风旋转。

回首顾盼留下迷人的光彩，发声时的气息仿佛兰花的芳香。

赶路的人停下车驾不愿离开，休息的人忘了用餐。

打听这个姑娘家住何处，她家就在城的正南门。

青漆的楼阁临近大路，高大的宅门有两道门栓。

姑娘的容光像早晨的太阳，谁不爱慕她动人的容颜？

不知媒人干什么去了？为何不及时送来聘礼订下婚约。

姑娘偏偏爱慕品德高尚的人，寻求一个贤德的丈夫实在困难。

众人徒劳地议论纷纷，怎知道她看中什么样的人？

青春年华在闺房里流逝，半夜里她在声声的长叹。

闺情诗

作者：曹植【东汉】

有美一人，被服纤罗。
妖姿艳丽，翁若春华。
红颜韡烨，云髻嵯峨。
弹琴抚节，为我弦歌。
清浊齐均，既亮且和。
取乐今日，遑恤其它。

【概要】描写与美人一起弹琴唱歌的快乐。

【注释】

纤罗：细罗。

翁（wěng）：草木茂盛。

韡烨（xí yè）：光明美丽的样子。

云髻（jì）：古代妇女的一种发髻。高耸的发髻。

抚节：指击节。

弦歌：用琴瑟等弦乐器伴奏而歌唱。

遑：闲暇。

恤：担忧。

【译文】

有一个美人，穿着华丽的衣裳。

打扮得妖娆艳丽，像春天的花朵一样。

面容光明灿烂，头发梳得高如山。

她弹琴击节，为我拨弦唱歌。

歌声匀称有当，既清亮又和谐。

今日这样快乐，无暇顾及其他。

别诗三首 · 其一

作者：佚名【两汉】

有鸟西南飞，熠熠似苍鹰。
朝发天北隅，暮闻日南陵。
欲寄一言去，托之笺彩缯。
因风附轻翼，以遗心蕴蒸。
鸟辞路悠长，羽翼不能胜。
意欲从鸟逝，驽马不可乘。

【概要】这是怀人的诗，作者身在北方，所思在南方。

【注释】

熠熠：鲜明貌，鸟羽在日光下闪耀。

日南：汉郡名，是当时中国的最南部。以上二句以"日南"和"天北"相对，言彼鸟飞行之远与速。

笺：书启。

彩缯：绢帛之类，古人在绢帛上写书信。

因风：凭借着风。

轻翼：轻捷的翅膀。

遗：给予；馈赠；送交；交付。

蕴蒸：指心里积蓄的思想感情。

驽马（nú mǎ）：不能快跑的马，劣性的或无用的马。

乘：驾车。

【译文】

一只大鸟飞往西南，闪耀的英姿似那苍鹰。

早上从北方的天际出发，晚上已在日南山冈长鸣。

我想托带一个音讯，话儿写在彩色的丝绢上。

交给乘风的鸟翼，带给我苦苦思念的人。

鸟儿托辞路途太远，羽翼无法胜任带信的活。

真想随鸟儿一起去，可劣马怎么可以胜任骑乘。

赠妇诗三首

作者：秦嘉【两汉】

秦嘉，字士会，陇西人也。为郡上计。其妻徐淑，寝疾还家，不获面别。赠诗云尔。

其一

人生譬朝露，居世多屯蹇。忧艰常早至，欢会常苦晚。
念当奉时役，去尔日遥远。遣车迎子还，空往复空返。
省书情凄怆，临食不能饭。独坐空房中，谁与相劝勉？
长夜不能眠，伏枕独辗转。忧来如循环，匪席不可卷。

其二

皇灵无私亲，为善荷天禄。伤我与尔身，少小罹茕独。
既得结大义，欢乐苦不足。念当远离别，思念叙款曲。
河广无舟梁，道近隔丘陆。临路怀惆怅，中驾正踯躅。

浮云起高山，悲风激深谷。良马不回鞍，轻车不转毂。
针药可屡进，愁思难为数。贞士笃终始，恩义不可属。

其三
肃肃仆夫征，锵锵扬和铃。清晨当引迈，束带待鸡鸣。
顾看空室中，仿佛想姿形。一别怀万恨，起坐为不宁。
何用叙我心，遗思致款诚。宝钗好耀首，明镜可鉴形。
芳香去垢秽，素琴有清声。诗人感木瓜，乃欲答瑶琼。
愧彼赠我厚，惭此往物轻。虽知未足报，贵用叙我情。

【概要】丈夫远行惜别爱妻的思念。

【注释】
上计：汉郡国每年遣吏人到京师致事，叫做上计。其所遣之吏也叫做上计。
寝疾：卧病。
还：回，返回。
家：指娘家。
获：得，能够。
云尔：语助词。赠诗云尔，即赠诗。
居世：处世生活。
屯蹇（jiǎn）：表示艰难阻滞。
苦晚：苦于来得太晚。
奉时役：即指被派遣以上计吏入京致事，报告当年人口土地财政刑狱等情况。时：通"是"，就是此。
去：离开。
尔：你，指徐淑。

日：一天一天地。

子：您，指秦嘉的妻子徐淑。

省：察看，阅看。

凄怆（chuàng）：伤感，悲痛。

饭：这里作动词，即吃饭。

劝勉：劝解，勉励。

辗转：屡次翻身，不能入睡。

寻环：即循环，周而复始，比喻愁思无穷无尽。

匪席不可卷：是说席子可卷，人心不可卷。

皇灵：神灵。

荷：担负，承受。

荷天禄：享受天赐之福。

少小：指年轻。

罹（lí）：遭遇。

茕（qióng）独：孤独。茕：孤单，孤独。

结大义：指结为婚姻。

念：疑为"今"字之讹。

离别：指离家乡赴京师。

款曲：衷肠话，知心话。

道近：是说自己和徐淑所在之地相距道路很近。虽然很近但不能相见，所以说"隔丘陆"。

丘：指丘陵。

陆：指高平之地。

临路：指起程。

惆怅：因失望或失意而哀伤。

中驾：指车在途中。

踯躅（zhí zhú）：徘徊不进的样子。

毂（gǔ）：车轮中心的圆木。

针药：针刺和药物。

数：屡次，频繁。

贞士：指言行一致，守志不移的人。

笃：敦厚，忠实。

恩义：即情谊。

不可属：大概是不能委弃的意思。

肃肃：速度很快的样子。

仆夫：赶车的人。

征：行。

锵锵（qiāng）：铃声。

和铃：古代系在车前横木上的铃叫和铃。

迈：远行，前进。

引迈：启程。

顾看：回望。

姿：容貌，姿态。形：形象，形体。

遗思：指写信。

款诚：忠诚；真诚。

素琴：没有装饰的琴。

琼瑶（qióng yáo）：美玉。

往物：送去的东西。

用：以。

【译文】

其一

人生如清晨的露水，世上的生活动辄遭难。忧患艰险时常早早到来，而欢欣愉悦却姗姗来迟。

念及即将奉命出差，离你日益的遥远。派车去迎你归来，空空的去空空的回。

读你的书信我心伤感，有饭不能咽。孤独地呆在空房里，谁能给我安慰宽勉？

漫漫长夜难以安眠，在枕头上翻复辗转。忧思不断袭来，叹苇席可卷我心愁难遣。

其二

神灵没有偏爱，行善之人承享天福。叹息你我命运却不济，从小遭逢凄凉孤独。

虽然我俩结为夫妻，然而欢乐太少使人凄楚。想起将要长久的离别，把思念的话语向你倾诉。

河水宽而苦无舟桥，路程虽近为丘陵隔阻。上路的时候心怀惆怅，途中又徘徊再三。

浮云飘荡在高山之巅，凄凉的风肆虐在深深的幽谷。好马思途不停蹄，人心留念而轻车不转轴。

针药可忍耐，最难承受是那不尽的愁思。好男笃定始终如一，恩义不会委弃。

其三

车夫驾车快快出发，车铃锵锵响个不停。清晨将要启程远行，整装以等待天明。

环顾寂寞幽静的空室，仿佛想看到你的仪容身影。此番别离心怀万般遗恨，让我坐卧不宁。

如何表达我的心意，留下信物以表白忠诚。宝钗可使容颜生辉，明镜可以照鉴芳影。

纯净芳香能够洁身除秽，悦耳素琴能够奏鸣清音。诗人有感于情人所赠的木瓜，故想回报以美丽的琼瑶。

深切感念你待我的情长意厚，惭愧回赠的礼物价值太轻。虽然知道不足报答万一，贵在于寄托我的一片真情。

塘上行

作者：甄宓（有争议）【东汉】

蒲生我池中，其叶何离离。
傍能行仁义，莫若妾自知。
众口铄黄金，使君生别离。
念君去我时，独愁常苦悲。
想见君颜色，感结伤心脾。
念君常苦悲，夜夜不能寐。
莫以豪贤故，弃捐素所爱？
莫以鱼肉贱，弃捐葱与薤？
莫以麻枲贱，弃捐菅与蒯？
出亦复苦怨，入亦复苦愁。
边地多悲风，树木何修修！
从君致独乐，延年寿千秋。

【概要】此诗女主人公以沉痛的笔触自述受谗遭弃的经历、失欢难寝的愁苦以及重操旧好的愿望，抒发了被弃的哀愁与悲痛。

【注释】
蒲：菖蒲，蒲草，多年生草本植物。
离离：茂盛的样子。
傍：依靠。
仁义：一作"人仪"。
铄黄金：熔销黄金，比喻人言可畏，谣言害人。铄（shuò），同"烁"，熔化。
感结：情感结系，谓心情郁结。
莫以：不要因为。
豪贤：豪杰贤达之士。这里委婉暗指曹丕身边的新宠。
薤（xiè）：藠头。
麻枲（xǐ）：指麻，或者麻布衣服。枲，大麻的雄株，只开雄花，不结果实，称"枲麻"。
菅（jiān）：多生于山坡草地，可做炊帚、刷子等。
蒯（kuǎi）：生长在水边或阴湿的地方，茎可编席，亦可造纸。
悲风：凄厉的寒风。
翛翛（xiāo xiāo）：此处指树木高大茂盛。一作"修修"。

【译文】
我池塘里生长的蒲草，叶儿十分茂盛。
想指望你的仁慈，不如我对自己的信心。
众人满口出谗言，使我和你生生地分离。
想起你离开了我，便常常独自忧愁难过。
多想见到你，想得伤了我的心脾。

对你的思念使我悲苦，夜夜难以入睡。
不要因为豪贤的缘故，丢弃以前自己的所爱。
不要因为鱼肉多了，就抛弃大葱和薤菜。
不要因为麻枲多了，就丢弃菅草和蒯草。
自你我分开后，我出门愁苦进门也愁苦。
边地的风声很是凄厉，树木在悲风中哀鸣！
你让我领略了孤独的快乐，学会了保重自己。

孟冬寒气至

作者：佚名【两汉】

孟冬寒气至，北风何惨栗。
愁多知夜长，仰观众星列。
三五明月满，四五蟾兔缺。
客从远方来，遗我一书札。
上言长相思，下言久离别。
置书怀袖中，三岁字不灭。
一心抱区区，惧君不识察。

【概要】这是妻子思念丈夫的诗。

【注释】

孟冬：旧历冬季的第一月，即十月。

三五：农历十五日。

四五：农历二十日。
三岁：三年。
灭：消失。
区区：指相爱之情。

【译文】

农历十月里寒气来袭，呼啸的北风何等凛冽。
多愁的夜晚更觉漫长，抬头仰望天上罗列的星星。
十五的日子是满月，二十的日子是月缺。
有客人从远方来，带给我一封书信。
信中先说他对我常常的想念，后面又提及分离了很久。
我把信收藏在怀袖里，已过三年字迹仍不曾磨灭。
一心一意地爱着你，只怕你不懂得这一切。

答秦嘉诗

作者：徐淑【东汉】

妾身兮不令，婴疾兮来归。
沉滞兮家门，历时兮不差。
旷废兮侍觐，情敬兮有违。
君今兮奉命，远适兮京师。
悠悠兮离别，无因兮叙怀。
瞻望兮踊跃，伫立兮徘徊。
思君兮感结，梦想兮容辉。
君发兮引迈，去我兮日乖。
恨无兮羽翼，高飞兮相追。
长吟兮永叹，泪下兮沾衣。

【概要】徐淑的丈夫秦嘉入洛阳就职，当时徐淑正卧病母家，夫妇没能面别，秦嘉作《留郡赠妇诗》三首与妻话别。徐淑以此诗作答。

【注释】

令：善。

婴：抱。

沉滞：久留。

历：经。

差：病愈。

旷：空。

侍：侍候。

觐：拜见尊长。

违：背。

适：一作"递"。

悠悠：遥远的样子。

因：由，从。

踊跃：跳跃。

结：聚积。

晖：一作"烽"。

引：长。

去：离。

乖：远。

【译文】

我身体欠佳，抱病回到母家。

滞留在家中，多时而不愈。

旷废了侍候公婆，有违对你的情分。

如今你奉命，远走赴京师。

长长的离别之际，竟不能和你一叙衷曲。

我遥望我跳跃，我伫立又徘徊。

思念你而肝肠郁结，梦里想见你的容颜。

你出发远行了，离我一日远过一日。
恨自己身无翅膀，不能高飞把你追。
唯有吟咏和长叹，让泪水打湿了衣衫。

陌上桑

作者：佚名【东汉】

日出东南隅，照我秦氏楼。秦氏有好女，自名为罗敷。罗敷喜蚕桑，采桑城南隅。青丝为笼系，桂枝为笼钩。头上倭堕髻，耳中明月珠。缃绮为下裙，紫绮为上襦。行者见罗敷，下担捋髭须。少年见罗敷，脱帽著帩头。耕者忘其犁，锄者忘其锄。来归相怨怒，但坐观罗敷。

使君从南来，五马立踟蹰。使君遣吏往，问是谁家姝？"秦氏有好女，自名为罗敷。""罗敷年几何？""二十尚不足，十五颇有余"。使君谢罗敷："宁可共载不？"罗敷前致辞："使君一何愚！使君自有妇，罗敷自有夫！"

"东方千余骑，夫婿居上头。何用识夫婿？白马从骊驹，青丝系马尾，黄金络马头；腰中鹿卢剑，可值千万余。十五府小吏，二十朝大夫，三十侍中郎，四十专城居。为人洁白皙，鬢鬒颇有须。盈盈公府步，冉冉府中趋。坐中数千人，皆言夫婿殊。"

【概要】笔调诙谐的乐府叙事诗。讲述了一位名叫罗敷的年轻美丽的女子，一天在采桑路上恰巧被一个太守遇上。

【注释】

陌上桑：陌：田间的路。桑：桑林。

东南隅：指东方偏南。隅，方位、角落。

喜蚕桑：喜欢采桑。喜，有的本子作"善"（善于、擅长）。

笼，篮子。

系，络绳（缠绕篮子的绳子）。

青丝为笼系：用黑色的丝做篮子上的络绳。

笼钩：一种工具。采桑用来钩桑枝，行时用来挑竹筐。

倭堕髻（ wō duò jì）：即堕马髻，发髻偏在一边，呈坠落状。倭堕，叠韵字。

缃绮（qǐ）：有花纹的浅黄色的丝织品。

襦（rú）：上衣，长度较短，一般长不过膝。

髭（zī）：嘴唇上边的短须。

帩头：帩头，古代男子束发的头巾。

少年：古义（10-20岁）男

著：戴。

但：只是。

坐：因为，由于。

使君：汉代对太守、刺史的通称。

踟蹰：徘徊。

姝：美丽的女子。

谢：这里是"请问"的意思。

不：通假字，通"否"音也为"否"的音。

居上头：在行列的前端。意思是地位高，受人尊重。

何用：凭什么。

从：使......跟随。

骊驹（lí jū）：纯黑色的马，泛指马。

鹿卢剑：剑把用丝绦缠绕起来，像鹿卢的样子。

鹿卢：即辘轳，井上汲水的用具。

宝剑：荆轲刺秦王时带的就是鹿卢剑。

侍中郎：出入宫禁的侍卫官。

鬑鬑（lián lián）：须发稀疏貌。

盈盈：仪态端庄美好。

冉冉：走路缓慢。

【译文】

太阳从东南方向升起，照到我秦家的小楼。秦家有位美丽的女子，她的名字叫罗敷。罗敷善于采桑养蚕，她采桑于城南侧。用青丝做篮子上的络绳，用桂树枝做那钩笼。头上梳着堕马髻，耳朵上戴着宝珠做的耳环；浅黄色有花纹的丝绸为下裙，紫色的绫子为上身短袄。行人见到罗敷，放下担子捋着胡须注视她。年轻人看见罗敷，禁不住脱帽整头巾。耕地的人忘记了犁地，锄田的人忘记了锄田；农活没干完回来后相互埋怨，只因为贪看了罗敷的美貌。

太守乘车从南边来，驾车的五匹马停足不前。太守派小吏，问是谁家美丽的女子。"是秦家的好女子，她的名字叫做罗敷。""罗敷今年多少岁？""还不到二十岁，但已过了十五。"太守问罗敷：

"愿与我一起乘车吗？"罗敷上前回他话："使君怎么这么愚笨？你已经有妻子，罗敷我也有丈夫！"

"（丈夫为官）在东方，上千个骑马的人当中，我的夫婿在前列。凭什么识别我丈夫呢？他骑着一匹白马后边还有黑马跟随，马尾上系着青丝绦，黄澄澄的金饰装点着马头；腰中佩着鹿卢剑，宝剑可值千万余。十五岁在太守府做小吏，二十岁在朝廷里做大夫，三十岁做皇上的侍中郎，四十岁已为一城之主。他皮肤洁白，脸上微微有一些胡子；他轻缓地在府中迈方步，从容地出入官府。聚会在座数千人，都说我丈夫与众不同。"

羽林郎

作者：辛延年【两汉】

昔有霍家奴，姓冯名子都。
依倚将军势，调笑酒家胡。
胡姬年十五，春日独当垆。
长裾连理带，广袖合欢襦。
头上蓝田玉，耳后大秦珠。
两鬟何窈窕，一世良所无。
一鬟五百万，两鬟千万余。
不意金吾子，娉婷过我庐。
银鞍何昱爚，翠盖空踟蹰。
就我求清酒，丝绳提玉壶。
就我求珍肴，金盘脍鲤鱼。
贻我青铜镜，结我红罗裾。
不惜红罗裂，何论轻贱躯！
男儿爱后妇，女子重前夫。
人生有新故，贵贱不相逾。

多谢金吾子，私爱徒区区。

【概要】一位卖酒的女子，义正辞严而又委婉得体地拒绝了一位权贵家豪奴的调戏。

【注释】
羽林郎：禁军官名。汉置。掌宿卫、侍从。
霍家：指西汉大将军霍光之家。
奴：一作"姝"。
酒家胡：原指酒家侍酒的胡姬。后亦泛指酒家侍者或卖酒妇女。
姬：美貌的女子。
当垆（lú）：卖酒。垆，旧时酒店里放酒瓮的土台子，亦指酒店。
裾（jū）：衣襟。
长裾：衣服的前襟。
连理带：衣服腰间相连结的两条对称的带子。
合欢襦（rú）：绣有合欢花的短袄。襦，短衣。
蓝田玉：指用蓝田产的玉制成的首饰，是名贵的玉饰。
大秦珠：西域大秦国产的宝珠，也指远方异域所产的宝珠。
鬟（huán）：古代妇女梳的环形发髻。
窈窕：女子文静而美好。
良：确实，实在。
金吾子：即执金吾，是汉代掌管京师治安的禁卫军长官。这里是对官员的泛称，表尊敬。
娉婷：形容女子姿态美。
庐：房舍。
昱（yù）爚（yuè）：光辉灿烂，光耀。昱，一作"煜"。
翠盖：饰以翠羽的车盖。
空：这里是等待、停留的意思。

跚（chí）蹰（chú）：徘徊不进的样子。

就：靠近。

清：一作"美"。

丝：一作"青"。

珍肴：美味佳肴。

脍（kuài）：细切的肉。一作"鱠"。

贻：赠送。

青：一作"清"。

红罗：红色的轻软丝织品。多用以制作妇女衣裙。

裂：古人从织机上把满一匹的布帛裁剪下来叫"裂"。

逾：超越。

谢：感谢，这里含有"谢绝"的意思。

私爱：单相思。

徒：白白地。

区区：指拳拳之心，恳挚之意。

【译文】

当年有个霍将军的家奴，姓冯名子都。

依仗将军势，调笑卖酒的胡家女。

胡姬当年十五岁，一个春光明媚的日子独自在卖酒。

她腰间系着长长的丝带，穿着大袖合欢衫。

头上戴着蓝田美玉的饰物，耳上戴着大秦宝珠的耳环。

那发髻更是美丽妖娆，世上罕有。

一只发髻就值五百万钱，两个发髻就千万多。

没料冯子都这个花花公子，他派头十足来到了胡姬的酒坊。

看那白马银鞍多么气派光华，那华丽的马车在空空地逗留。

他先是要喝上等美酒，胡姬提着玉壶送上酒。

他再要佳肴，胡姬用金盘捧出鲤鱼来待客。

他赠胡姬一面青铜镜，还给她系上红罗衣。

她不惜扯裂红罗衣，自不必说不会让人侮辱身体。

"男人总是爱新妇，而女子却永远重前夫；

人生相遇有早晚，我不会因为富贵贫贱而负他。

多谢金吾子，但是你的爱是白费事！"

艳歌何尝行

作者：佚名【两汉】

飞来双白鹄，乃从西北来。
十十五五，罗列成行。
妻卒被病，行不能相随。
五里一反顾，六里一徘徊。
吾欲衔汝去，口噤不能开；
吾欲负汝去，毛羽何摧颓。
乐哉新相知，忧来生别离。
躇踌顾群侣，泪下不自知。
念与君离别，气结不能言。
各各重自爱，远道归还难。
妾当守空房，闭门下重关。
若生当相见，亡者会黄泉。
今日乐相乐，延年万岁期。

【概要】一首夫妇远别之作, 借描写一双白鹄顾恋不舍的别离情景, 抒发了夫妇离别哀伤的感情。

【注释】

行：曲, 意指器乐演奏。

白鹄：即白天鹅。

十十五五：一作"十十将五五"。

罗列：分布；排列。一作"罗列行不齐"。

妻卒被病：一作"忽然卒疲病"。妻, 指雌鹄。卒, 突然。

行不能相随：一作"不能飞相随"。

噤：嘴张不开。

摧：毁损。

来：语气助词。

蹯跱：即跱蹯, 犹豫, 徘徊。

结：堵塞。

下：加上, 插上。重关：两道门闩。

【译文】

双双天鹅翩翩飞, 它们来自大西北。

一五一十结成群, 比翼齐飞成双对。

雌性天鹅突生病, 不能随行相伴飞。

雄性五里一回顾, 飞出六里还徘徊。

我欲衔你同飞行, 无奈口闭不能张。

我欲背你同飞去, 羽毛脱落难远飞。

新知相爱何其乐, 生来别离令人悲。

惆怅别人成双对, 伤心落泪不自知。

感念如今与君别, 令我气结不能言。

各自珍重多自爱，远道归还实在难。
妾当从今守空房，关门闭户绝来往。
今生不死当相见，如果死亡会黄泉。
今日相会多快乐，延年万岁无绝期。

秋风辞

作者：刘彻【西汉】

秋风起兮白云飞，草木黄落兮雁南归。
兰有秀兮菊有芳，怀佳人兮不能忘。
泛楼船兮济汾河，横中流兮扬素波。
箫鼓鸣兮发棹歌，欢乐极兮哀情多。
少壮几时兮奈老何！

【概要】 汉武帝把酒临秋风，怀念心中"佳人"。

【注释】
辞：韵文的一种。
黄落：变黄而枯落。
秀：此草本植物开花叫"秀"。这里比佳人颜色。
芳：香气，比佳人香气。
兰、菊：这里比拟佳人。

佳人：这里指想求得的贤才。

泛：浮。

楼船：上面建造楼的大船。

泛楼船，即"乘楼船"的意思。

汾河：起源于山西宁武，西南流至河津西南入黄河。

中流：中央。

扬素波：激起白色波浪。

鸣：发声，响。

发：引发，即"唱"。

棹（zhào）：船桨。这里代指船。

棹歌：船工行船时所唱的歌。

极：尽。

奈老何：对老怎么办呢？

【译文】

起秋风了白云飘飞，草木枯黄零落大雁南归。

兰花秀美菊花芬芳，我思念美人难以忘怀。

乘坐楼船行驶在汾河，行至河中央激起白色的波浪。

鼓瑟齐鸣船歌起，欢喜之极忧愁多。

少壮的年华没几时，渐渐衰老有何法！

东城高且长

作者：佚名【西汉】

东城高且长，逶迤自相属。
回风动地起，秋草萋已绿。
四时更变化，岁暮一何速！
晨风怀苦心，蟋蟀伤局促。
荡涤放情志，何为自结束！
燕赵多佳人，美者颜如玉。
被服罗裳衣，当户理清曲。
音响一何悲！弦急知柱促。
驰情整巾带，沉吟聊踯躅。
思为双飞燕，衔泥巢君屋。

【概要】诗人感怀时光流逝，触发了不如早些抛弃烦忧、放开情怀、去寻求生活乐趣之思。

【注释】

东城：洛阳的东城。

逶迤：曲折而绵长的样子。

回风：空旷地方自下而上吹起的旋风。

动地起：言风力之劲。

已：一作"以"。

萋：通作"凄"。绿是草的生命力的表现。

萋已绿：犹"绿已萋"，在秋风摇落之中，草的绿意已凄然向尽。

更：替也。更变化，谓互相更替在变化着。

晨风：鸟名，就是鹯，鸷鸟。是健飞的鸟。

怀苦心：即"忧心钦钦"之意。

局促：不开展也。

伤局促：隐喻人生短暂的悲哀。

荡涤：犹言洗涤，指扫除一切忧虑。

放情志：谓展胸怀。

自结束：指自己在思想上拘束自己。

燕赵：犹言美人。

如玉：形容肤色洁白。

被服：犹言穿著，"被"，披也。

理：指"乐理"，当时艺人练习音乐歌唱叫做"理乐"。

弦急知柱促："弦急""柱促"是一个现象的两面，都是表明弹者情感的激动。

驰情：犹言遐想，深思。

巾带：内衣的带子。一作"衣带"。

沉吟：沉思吟咏。

踯躅：驻足也。

君：指歌者。

衔泥巢屋：意指同居。

【译文】

洛阳的东城又高又长，曲折绵长相环绕。

强劲的秋风旷地而起，秋草已由绿变枯。

季节在变换，转眼又过去一年了！

鸷鸟在风中苦涩地啼叫，蟋蟀也因寒秋降临而伤心哀鸣。

何不早些涤除烦忧放开情怀，去寻求生活的乐趣呢！

那燕赵之地本来多佳人，美女的容颜如玉般的艳丽。

佳人穿著罗裳薄衣，雍容端坐、在练筝商之曲。

她的琴音是多么悲切，琴瑟调得太紧促曲声竟似骤雨疾风。

充满遐思而整衣带，沉吟驻足而不前。

愿与佳人成双飞燕，衔泥筑巢永结情缘。

客从远方来

作者：佚名【东汉】

客从远方来，遗我一端绮。
相去万余里，故人心尚尔！
文彩双鸳鸯，裁为合欢被。
著以长相思，缘以结不解。
以胶投漆中，谁能别离此？

【概要】此诗以奇妙的比喻，抒写了一位思妇的意外喜悦和痴情的
浮想。

【注释】
遗：给予、馈赠的意思。
一端：即半匹。古人以二丈为一"端"，二端为一"匹"。
绮：绫罗一类的丝织品。
故人：古时习用于朋友，此指久别的"丈夫"。
尚：犹也。

尔：如此。

鸳鸯：匹鸟。常用以比夫妇。这句是说缔上织有双鸳鸯的图案。

合欢被：被上绣有合欢的图案。合欢被取"同欢"的意思。

著：往衣被中填装丝绵叫"著"。

思：谐音"丝"，故云"著以长相思"。

缘：饰边，镶边。这句是说被的四边缀以丝缕，使连而不解。

投：本义为投掷，这里是加入混合的意思。

别离：分开。

【译文】

客人从远方来，带给我半匹织有文彩的素缎。

它是万里之外的夫君捎来的，该包含着夫君对我的关念之情！

绮缎上面有彩色的鸳鸯双栖图，我将它裁剪成一条合欢被。

被内充填丝绵意如"长相思"，被边饰以丝缕意为"永结难解"

我与夫君如胶漆投合，谁又能将我们分隔？

古相思曲

作者：佚名【两汉】

君似明月我似雾，雾随月隐空留露。
君善抚琴我善舞，曲终人离心若堵。
只缘感君一回顾，使我思君朝与暮。
魂随君去终不悔，绵绵相思为君苦。
相思苦，凭谁诉？遥遥不知君何处。
扶门切思君之嘱，登高望断天涯路。
十三与君初相识，王侯宅里弄丝竹。
只缘感君一回顾，使我思君朝与暮。
再见君时妾十五，且为君作霓裳舞。
可叹年华如朝露，何时衔泥巢君屋？

【概要】少女暗恋男子，期望有一日能嫁给他。

【注释】

善：擅长。

只缘：只因为。缘：因为。

【译文】

您像明月我像雾，雾随月亮渐渐隐去只剩下露珠。

您擅长弹琴我擅长跳舞，一曲弹罢曲终人散、只剩下心内的拥堵。

只因您对我那一回眸，让我陷入日日夜夜的思念。

魂梦为你牵绕从不悔，长长的相思为你而愁苦。

想思的苦楚，对谁倾诉？相隔遥遥不知您在何处。

抚着门框记着你的叮嘱，登上高处望断了天涯路。

十三岁的时候与你初识，那时我在王侯的府里奏曲。

只因为你回头这么看了一下，让我对你日思又夜想。

再次见到你时我已十五，暂且让我为你跳一支霓裳舞吧。

只叹息年华如同早上的露，什么时候像燕雀衔泥为你筑窝。

穆穆清风

作者：佚名【两汉】

穆穆清风至，吹我罗衣裾。
青袍似春草，长条随风舒。
朝登津梁上，褰裳望所思。
安得抱柱信，皎日以为期？

【概要】春日来临，和风吹动女子的罗裙，使她想起那曾在春风中舒展着的心上人。

【注释】
穆穆：和顺貌。
裾（jū）：衣襟。
津梁：即桥梁。
褰（qiān）裳（cháng）：撩起衣裳以方便行走。
抱柱信：谓信守承诺，多用于男女之间。

皎日：古人常指白日发誓。此处代指誓言。

【译文】

柔和的清风来了，吹拂着我身上的丝罗衣裳。

他的青袍似春草，长长的草儿随风儿舒展。

一早我来到渡口边的桥上，提着衣摆把我思念的人儿眺望。

如何找到一个守信的人，和我一起对着太阳发誓、如期而归？

婉彼鸳鸯

作者：嵇康【两汉】

婉彼鸳鸯，戢翼而游。
俯喽绿藻，托身洪流。
朝翔素濑，夕栖灵洲。
摇荡清波，与之沉浮。

【概要】已描写一对鸳鸯的岁月静好、不弃不离的恩爱生活。

【注释】
婉：美好，柔美。
彼：那个，对方。
戢：收敛，收藏。
喽：形容鱼、鸟吃东西的声音。
素濑，灵洲：当是地方的代名词。

【译文】

那柔美鸳鸯，收翅水中游。

低头吃绿藻，托身于洪水。

早上翔素濑，晚上栖灵洲。

荡漾清波上，与之共沉浮。

Milton Keynes UK
Ingram Content Group UK Ltd.
UKHW011938010124
435297UK00001B/109